DE
L'INTERVENTION
EUROPÉENNE
EN ORIENT.

Écrits publiés par le même.

1° Traité de Psychologie et de Logique.

2° Du Droit des Gouvernements sur l'Instruction publique.

3° Essai sur la Question des Rapports du Gouvernement belge avec la Banque de Bruxelles ou Société générale pour favoriser l'Industrie nationale (1).

4° Diverses brochures sur l'Enseignement et sur l'état des Écoles en Belgique.

5° Traduction, en prose, des poésies de Christopoulos.

(1) Cet opuscule, auquel l'auteur n'avait pas attaché son nom, fut attribué par les journaux à un Membre de la Chambre des Députés.

IMPRIMERIE DE Mme Ve BOUCHARD-HUZARD,
rue de l'Éperon, 7.

DE
L'INTERVENTION
EUROPÉENNE
EN ORIENT,

SON INFLUENCE

SUR LA CIVILISATION DES MUSULMANS

ET

SUR LA CONDITION SOCIALE DES CHRÉTIENS D'ASIE;

PAR C. B. HOURY.

NOUVELLE ÉDITION.

PARIS,

ARTHUS BERTRAND, 23, RUE HAUTEFEUILLE. | ADRIEN LE CLERE ET Cie, 29, RUE CASSETTE.

1842

Quelques mois avant la conclusion du traité du 15 juillet, je publiai un opuscule dans lequel je m'attachais à envisager l'intervention européenne en Orient sous le point de vue de la civilisation, à la considérer comme un événement précurseur de l'initiation du monde musulman au progrès moral, intellectuel et social, conquis par les peuples de l'Occident, et à faire comprendre aux grandes puissances qui s'étaient chargées de régler le différend turco-égyptien, qu'elles avaient non-seulement le droit, mais encore qu'il était de leur devoir, de leur honneur et de leur intérêt tout à la fois, d'exiger l'émancipation des populations chrétiennes qui sont courbées, depuis des siècles, sous le joug musulman, persécutées et souvent égorgées comme des troupeaux de bétail par leurs barbares et fanatiques oppresseurs. Je présentais aussi des considérations religieuses, politiques et commerciales, de nature à convaincre ces puissances, des avantages qui résulteraient, pour l'Orient aussi bien que pour l'Occident, de la fondation, en Syrie, d'un État chrétien, neutre, indépendant.

On sait comment l'Angleterre, la Prusse et la Russie, de concert avec l'Autriche, qui est catholique, ont compris et accompli leur mission en Orient : grâces à leur intervention, les raïas de l'empire ottoman sont aujourd'hui plus opprimés que jamais, des milliers de Chrétiens ont été égorgés par les Druses, peuple idolâtre et sanguinaire, leurs villages réduits en cendre avec leurs églises, leurs prêtres massacrés sur les autels, leurs femmes violées et tuées avec leurs enfants; aux Égyptiens disciplinés et dociles, ont succédé en Syrie des hordes d'Albanais, célèbres en Orient par leur renommée de férocité et de brigandage, et non moins barbares que les janissaires; l'anarchie a reparu avec eux dans le Liban, et aujourd'hui ces mêmes gouvernements, qui croyaient avoir résolu la question orientale, s'aperçoivent qu'ils l'ont, au contraire, embrouillée et compliquée de nouvelles difficultés; ils reconnaissent la nécessité d'*une nouvelle intervention en Syrie*. Voici ce qu'on écrit de Constantinople, en date du 14 juin, à la *Gazette d'Augsbourg* :

« Samedi dernier, les ambassadeurs des cinq

grandes puissances se sont réunis en conférence pour délibérer sur les affaires de la Syrie. Sir Stratford-Canning a déclaré qu'il fallait maintenant procéder avec énergie, attendu que les voies de la persuasion n'obtiennent aucun succès auprès du divan.

« M. de Titoff, chargé d'affaires de Russie, a répondu que les affaires de Syrie tenaient à l'administration intérieure de l'empire ottoman, et que dès lors il était impossible d'adopter des mesures coercitives. L'ambassadeur britannique invoque, à l'appui de son opinion, les promesses que la Porte Ottomane a faites aux puissances relativement à l'administration de la Syrie, et à la constitution à donner à ses habitants. L'ambassadeur d'Autriche partage cette opinion. M. de Bourqueney se fonde, à cet égard, sur le droit de protection que la France exerce depuis un temps immémorial sur les Chrétiens du Liban.

« L'ambassadeur de Prusse a déclaré que, d'après ses instructions, il ne pourrait prendre part qu'à une résolution arrêtée d'un commun accord. Si donc on vient à adopter des mesures énergiques, la Russie et la Prusse s'abstiendront de toute coopération, même morale. Toutefois, la question de savoir si des mesures coercitives seront adoptées est encore indécise; mais voici un fait qui se rattache à cette question : au sortir de la conférence, Sir Stratford-Canning a expédié un navire à vapeur britannique en donnant l'ordre au capitaine de n'ouvrir ses dépêches que lorsqu'il aurait franchi les Dardanelles. On croit que ces dépêches sont destinées à l'amiral anglais commandant la flotte de la Méditerranée et lui enjoignent de faire une démonstration sur la côte de Syrie. »

L'anarchie qui désole la Syrie, les horreurs qui s'y commettent sous les yeux mêmes et à l'instigation des autorités turques, doivent avoir convaincu maintenant les cabinets de l'Europe que le sultan est dans l'impuissance de gouverner régulièrement cette contrée, qu'elle doit être confiée à d'autres mains, qu'elle doit être enfin administrée par un prince chrétien.

La prévision d'une nouvelle intervention en Syrie m'a déterminé à publier cette nouvelle édition de l'opuscule dont j'ai parlé plus haut. Aujourd'hui que la France se joint aux autres puissances pour régler les affaires de Syrie, il est permis d'espérer que l'état moral et politique de cette contrée sera bientôt changé à son avantage, qu'elle recevra une nouvelle organisation administrative conforme à ses vœux et à ses besoins. La France ne peut pas oublier qu'elle est, depuis plusieurs siècles, la protectrice naturelle des Chrétiens du Liban et de la Palestine, ainsi que des saints lieux. Le christianisme, la civilisation, l'humanité, et enfin la politique, lui commandent impérieusement d'intervenir dans les affaires de Syrie et d'y prendre fait et cause pour ces malheureuses populations chrétiennes du Liban, opprimées, persécutées, égorgées tantôt par les Druses, tantôt par les Turcs. Ces populations tendent les bras vers les nations de l'Europe, et surtout vers la nation française, dont elles n'invoquèrent jamais en vain le secours autrefois. Les sympathies qu'elles ont toujours manifestées pour la France sont pour celle-ci un motif de plus de les protéger contre leurs fanatiques et farouches oppresseurs.

En parlant du projet de fonder un État chrétien en Syrie, un journal français a désigné le prince de Joinville comme pouvant être appelé à régner un jour sur les Syriens. D'un autre côté, les feuilles allemandes annoncent que, dans les hauts cercles de Vienne et de Berlin, où l'on s'entretient beaucoup plus de ce projet qu'à Paris et à Londres, on va jusqu'à dire que le choix d'un prince pour le trône de Syrie est déjà arrêté dans les cabinets, et qu'il est tombé sur un prince de Bavière. Pour moi, je n'attache à ces bruits, que je regarde comme dénués de fondement, d'autre importance que celle de prouver que l'opinion publique se préoccupe déjà vivement, en Europe, de l'idée d'un royaume chrétien en Syrie. Cette idée a pour elle le progrès de la civilisation en Orient, les événements qui s'y pressent, les intérêts commerciaux et politiques de l'Europe; on peut dire que l'avenir lui appartient. Quand le moment sera venu pour les puissances chrétiennes de constituer la Syrie en État indépendant, les prétendants ne manqueront point à cette nouvelle couronne, qui ne pourrait être mieux placée que sur la tête d'un prince français.

L'idée de l'érection de la Syrie en État indépendant a pris, depuis un an, beaucoup de consistance en Europe. La presse s'en est emparée et l'a regardée comme assez importante pour mériter les honneurs de l'examen et de la discussion. Lorsque je la soumis pour la première fois à l'attention et à la sagesse des puissances, on la regarda comme une utopie, comme un rêve; aujourd'hui elle s'est élevée à la hauteur d'une combinaison politique, et les hommes d'État s'en préoccupent. Enfin elle a tellement grandi depuis un an, que le plus profond génie politique de l'Europe, le plus célèbre et le plus éloquent publiciste de nos jours, ne l'a pas jugée indigne de ses hautes et graves méditations, et qu'il n'a pas hésité à lui prêter l'appui de sa puissante plume, dans un de ses derniers écrits, où l'on trouve le passage suivant :

« Pour jeter de plus sûres bases de sa fortune éloignée, il serait de sa haute politique (de la France) d'ériger la Syrie en État indépendant qui, sous sa protection et celle d'autres puissances, prendrait un accroissement rapide, et présenterait bientôt quelque image de son ancienne importance. Il faut reconnaître qu'une des plus heureuses positions géographiques est celle de la Syrie, qui se voit placée au centre de toutes les affaires politiques et commerciales de trois jalouses parties du monde ; cette région est certainement appelée à une destinée élevée, si elle est mise dans les mains d'un prince habile qui sache comprendre toute la portée d'une des plus riches situations d'Etat qui puissent se rencontrer dans les trois continents dont elle est le point intermédiaire, n'ayant besoin que d'être animée de tous les mouvements qui se font sentir autour d'elle. Sans doute cette région n'est plus ce qu'elle fut autrefois, *urbibus decorata magnis et pulchris* (1); mais elle peut encore joindre quelque splendeur à la célébrité de ses ruines.

« La mission de ce prince ne sera point bornée à la civilisation syrienne; elle embrassera des intérêts qui touchent à toutes les questions orientales et occidentales, et à tout commerce continental et maritime. L'ancienne Syrie, après ses rois, ne fut qu'un gouvernement romain; la nouvelle Syrie serait quelque chose de plus. Cette renaissance, invoquée par un besoin qui entraîne toute l'Europe vers l'Orient, suffirait seule à la gloire du prince qui présiderait à la régénération de cette contrée déchue. »

(1) Ammien Marcellin.

A monsieur le Comte de Theux de Meylandt, ministre d'État, membre de la Chambre des Représentants, ancien ministre de l'Intérieur et des Affaires Étrangères de Belgique, etc., etc.

MONSIEUR LE COMTE,

En publiant sous vos auspices les pages suivantes que j'adresse aux gouvernements européens qui sont appelés à résoudre la question orientale, j'ose me flatter qu'elles obtiendront d'eux un bienveillant accueil, et que le nom d'un homme d'État à qui l'Europe doit la continuation du bienfait de la paix dont elle jouit depuis tant d'années, sera auprès de ces gouvernements une puissante recommandation en faveur des idées que je soumets à leur haute sagesse.

C'est vous, en effet, monsieur le Comte, qui avez, en 1839, préservé l'Europe d'une conflagration générale, tout en sauvant la nationalité belge du plus grand péril qui pût jamais la menacer.

Veuillez agréer, monsieur le Comte, l'hommage de mon profond respect et l'assurance de la haute considération avec laquelle j'ai l'honneur d'être

Votre très-humble et très-obéissant serviteur,

C. B. Houry.

AVERTISSEMENT.

Démontrer que les gouvernements de l'Europe, en intervenant en Orient, doivent y apparaître non-seulement comme puissances politiques et militaires, mais encore et surtout comme puissances morales et civilisatrices; que leur mission sur les rives du Bosphore et de l'Euphrate ne doit pas se borner à y maintenir ou à y rétablir l'ordre public, comme feraient des janissaires ou des sergents de ville, mais qu'elle a encore pour objet d'améliorer l'état social et politique des peuples orientaux; convaincre les grandes puissances qu'elles doivent faire respecter, dans les raïas, à quelque nation, à quelque religion qu'ils appartiennent, les droits sacrés et imprescriptibles de la justice et de l'humanité, droits qui ont été jusqu'ici méconnus et violés dans leurs personnes par les gouvernements et par les peuples musulmans de la manière la plus arbitraire et la plus odieuse; signaler enfin à ces puissances les moyens de faire entrer le progrès européen dans la grande famille musulmane, et de créer en Syrie un vaste foyer de civilisation moderne : tel est le but de cet opuscule. Les idées qu'il renferme avaient été déjà publiées en partie dans quelques journaux belges en 1839 (1), et c'est à la demande de plusieurs publicistes distingués, que nous nous sommes déterminé à leur donner un plus grand développement et à les soumettre d'une manière plus directe à la sagesse éclairée des cabinets qui s'occupent, en ce moment, d'arranger le différend turco-égyptien et d'assurer la pacification de l'Orient. Nous nous sommes d'autant plus empressé de déférer au désir de ces publicistes, que le khatti-chérif de Ghul-Khané, en venant réaliser, quelques mois plus tard, une partie des réformes sociales que

(1) *L'Emancipation*, *le Courrier belge* et *l'Organe des Flandres*.

nous avions réclamées, nous avait puissamment encouragé à redoubler de zèle et d'efforts pour contribuer à la destruction du règne de la barbarie et au triomphe de la double cause de l'humanité et de la civilisation dans le monde mahométan.

Comme dans l'examen auquel nous nous livrons du différend turco-égyptien, nous nous plaçons exclusivement au point de vue moral, au point de vue de la civilisation chrétienne et du progrès social, nous nous abstiendrons de traiter la question politique qui s'y rattache et qui préoccupe si fort en ce moment l'attention des gouvernements et des peuples européens. Cette question a été envisagée sous toutes ses faces et résolue dans tous les sens par les publicistes les plus distingués de l'Europe, dans un grand nombre d'ouvrages et de brochures, dans la presse et à la tribune. Elle a été surtout discutée d'une manière lumineuse par MM. Jommard et Mangin qui la connaissaient à fond, ainsi que par le docteur Clot-Bey qui, dans une brochure remarquable par les vues neuves et élevées qu'elle contient sur la politique de l'Égypte, a réduit à sa plus simple expression le grand problème qui absorbe aujourd'hui toute l'attention de la diplomatie, et résumé dans quelques pages les hautes considérations politiques et morales qui doivent porter les grandes puissances à accorder la souveraineté héréditaire de l'Égypte et de la Syrie à Mohammed-Aly, et à terminer ainsi la guerre qui dévore l'Orient et réagit d'une manière si funeste sur le commerce de l'Europe avec l'Asie.

DE

L'INTERVENTION

EUROPÉENNE

EN ORIENT.

CHAPITRE PREMIER.

DESTINÉE DE LA SYRIE.

> La plus grande de toutes les émancipations, celle de qui dépendent aujourd'hui toutes les autres, c'est l'émancipation de l'Orient.
>
> Cette émancipation doit être le dernier triomphe de la liberté humaine; mais, pour se réaliser, elle exige, comme condition première, un effort d'organisation plus grand que tous ceux qui ont jamais été tentés, et un développement nouveau des principes d'ordre et d'autorité.
>
> GUSTAVE D'EICHTHAL.

L'histoire nous représente la Syrie, depuis les temps les plus reculés jusqu'à nos jours, comme une contrée destinée par le Créateur à servir constamment de théâtre à tous les grands événements politiques ou religieux, auxquels il est donné d'exercer une action providentielle sur le monde social. Aucun pays n'a joué un si grand rôle dans les temps anciens, où elle fut le siége de plusieurs empires florissants, dont il ne reste plus que des ruines solitaires et silencieuses au milieu du désert; aucune contrée n'a été témoin de plus grands mouvements, de plus grands débordements de peuples. La Syrie a vu fondre dans ses plaines fertiles et s'engloutir dans ses sables brûlants une foule d'armées étrangères, si toutefois on peut appeler ainsi ces hordes de barbares, ces peuples vagabonds, qui, dans les siècles passés, s'élancèrent si souvent des flancs du Caucase sur les populations syriennes, comme des nuées de vautours qui s'abattent sur une proie. C'est par la Syrie qu'ont passé tous les conquérants qui, avant notre ère, se sont précipités tantôt des cataractes du Nil et des montagnes de la Grèce sur l'Asie, tantôt des sommets du Taurus et de l'Ararat sur l'Afrique et sur l'Europe. Le grand Sésostris avec ses Égyptiens, Cyrus avec ses Perses, Alexandre avec ses Macédoniens, Pompée avec ses Romains, envahirent et ensanglantèrent successivement cette vieille terre de Chanaan, qui fut la patrie du peuple de Dieu, d'Abraham et de Jacob. Mais ce fut dans les douzième, treizième et quatorzième siècles de notre ère, que la Syrie devint le théâtre des plus longues et des plus sanglantes guerres dont l'histoire du monde offre le spectacle. La Palestine, plus connue sous le nom de *Terre Sainte*, est cette partie de la Syrie où naquit le Christ, Fils de Dieu et Sauveur des hommes; là est le berceau du christianisme, là est le tombeau de Jésus.

Vers le milieu du septième siècle, des tribus de l'Arabie, rassemblées sous l'étendard de Mahomet, envahirent cette contrée ainsi que Jérusalem, qui en est la capitale, cité sainte d'où s'éleva pour la première fois cette voix divine qui devait avoir un si grand retentissement dans le monde entier, et où fut accomplie la rédemption du genre humain. Une religion grossière, empreinte partout de barbarie, et qui n'avait pour moyen de persuasion que des coups de sabre dans ce monde et des houris dans l'autre, devait se montrer, dans la victoire, cruelle et impitoyable envers une rivale toute spirituelle, essentiellement morale, se présentant aux peuples avec la mission de les arracher aux fantômes du paganisme et aux superstitions de l'idolâtrie. Aussi l'islamisme se fit-il, dans la cité de David, oppresseur du christianisme ; la conversion des églises en mosquées, la profanation du saint sépulcre, l'expulsion et le massacre des ministres du Seigneur : telles furent les déplorables conséquences de la conquête de Jérusalem par les Arabes, vers l'année 639. Quatre siècles s'écoulèrent avant que le christianisme pût venger la croix de tant d'insultes ; mais pour avoir été lente, cette vengeance n'en fut que plus éclatante et plus terrible. Une usurpation aussi sacrilége des lieux visités par le Christ et sanctifiés par le sang des martyrs devait provoquer, dans un siècle où la foi remplissait tous les cœurs, un cri d'indignation et de vengeance dans toute la chrétienté. L'Europe entière, à la voix d'un ermite, se leva, prit les armes, et se rua sur l'Orient pour arracher les saints lieux à l'oppression et aux profanations des infidèles. Pendant un siècle et demi, les princes et les peuples de l'Occident inondèrent de leur sang les plaines de la Judée, et en firent un vaste champ de bataille.

A peine cette lutte sanglante du christianisme contre le mahométisme eut-elle cessé, que Gengis-Khan, qui était devenu par ses invasions la terreur de l'Asie et de l'Europe, menaça de son glaive exterminateur les populations syriennes. Ce conquérant redoutable se préparait à faire passer ces populations au fil de l'épée, lorsqu'il fut obligé de porter ailleurs sa fureur destructive. Mais si elles échappèrent au fer des Mongols, ce ne fut que pour tomber et disparaître bientôt après sous la puissance du glaive de Tamerlan. Ce prince cruel, après avoir écrasé des générations et des races entières sous l'innombrable cavalerie de ses farouches Tartares, s'amusait à les réduire en colonnes pyramidales au milieu du sang et des ruines fumantes dont il couvrait partout le sol.

Enfin, au commencement de ce siècle, le plus puissant et le plus célèbre conquérant des temps modernes, Napoléon, porta aussi ses armes en Syrie; mais son passage n'y fit point gémir les peuples ; il n'en incendia pas les cités et n'en égorgea pas les habitants, à l'exemple de tous les grands capitaines qui l'y avaient précédé. Aussi le nom de *sultan kebir* (*grand sultan*), qui lui fut donné en Orient, est-il encore aujourd'hui populaire parmi les musulmans syriens, qui ne le prononcent qu'avec respect et avec admiration.

De même que la fortune d'aucun peuple n'a subi de plus grandes et de plus fréquentes vicissitudes que la Syrie, de même le sol d'aucune contrée n'a été plus travaillé, plus agité, n'a éprouvé de plus terribles et de plus nombreuses commotions. Le désert, où règne le silence des tombeaux, où se déploie aux regards étonnés du voyageur la scène majestueuse des grandes ruines de l'antiquité païenne; le lac Asphaltite, qui renferme sous ses flots, avec leurs nombreux et derniers habitants, plusieurs cités puissantes que le commerce et l'industrie avaient élevées au plus haut point de gloire et d'opulence; le Liban, qui n'a dû son apparition du sein de la terre qu'à une secousse volcanique ou à quelque bouleversement partiel du globe, sont des monuments effrayants des grandes catastrophes qui ont désolé ce petit coin de notre planète.

Les réflexions suivantes, inspirées à un voyageur philosophe par la contemplation des ruines de Palmyre, nous ont paru propres à terminer cette légère esquisse des destinées de la contrée la plus célèbre de la terre, soit comme berceau du genre humain et de deux cultes qui partagent en deux grandes divisions presque tout le monde religieux, soit comme théâtre de conflits sanglants, de révolutions politiques et physiques, de créations brillantes dues au génie de l'homme, et de ruines monumentales qui, en rappelant la splendeur des États dont elles formèrent jadis les palais, les théâtres et les temples, apprennent au voyageur qui va les interroger, par quelles causes périssent les nations et les empires.

« Je me rappelai ces siècles anciens où vingt peuples fameux existaient en ces contrées ; je me peignis l'*Assyrien* sur les rives du *Tigre,* le *Kaldéen* sur celles de l'*Euphrate,* le *Perse* régnant de l'*Indus* à la *Méditerranée*. Je dénombrai les royaumes de *Damas* et de l'*Idumée*, de *Jérusalem* et de *Samarie,* et les États belliqueux des *Philistins,* et les républiques commerçantes de la *Phénicie*. Cette Syrie, me disais-je, aujourd'hui presque dépeuplée, comptait alors cent villes puissantes. Ses campagnes étaient couvertes de villages, de bourgs et de hameaux (1). De toutes parts, l'on ne voyait que champs cultivés, que chemins fréquentés, qu'habitations pressées... Ah! que sont devenus ces âges d'abondance et de vie? Où sont-ils ces remparts de *Ninive*, ces murs de *Babylone*, ces palais de *Persépolis*, ces temples de *Balbeck* et de *Jérusalem?* Où sont ces flottes de *Tyr*, ces chantiers d'*Arad,* ces ateliers de *Sidon,* et cette multitude de matelots, de pilotes, de marchands, de soldats? Et ces laboureurs, et ces moissons, et ces troupeaux,

(1) D'après les calculs de Josèphe et de Strabon, la Syrie a dû contenir dix millions d'habitants ; elle n'en a pas deux aujourd'hui.

et toute cette création d'êtres vivants dont s'enorgueillissait la face de la terre? Hélas! je l'ai parcourue cette terre ravagée! j'ai visité les lieux qui furent le théâtre de tant de splendeur, et je n'ai vu qu'abandon et que solitude... J'ai cherché les anciens peuples et leurs ouvrages, et je n'en ai vu que la trace, semblable à celle que le pied du passant laisse sur la poussière. Les temples se sont écroulés, les palais sont renversés, les ports sont comblés, les villes sont détruites, et la terre, nue d'habitants, n'est plus qu'un lieu désolé de sépulcres!... »

CHAPITRE II.

RÉGÉNÉRATION DE L'ORIENT. — INTERVENTION EUROPÉENNE.

De nos jours, la Syrie, où se sont décidées les plus hautes questions de politique et de religion, qui puissent intéresser l'humanité, paraît appelée à donner au monde le signal d'une rénovation sociale en Orient, et peut-être d'une conflagration générale en Europe; on peut même déjà, dès aujourd'hui, en présence des succès de l'armée égyptienne, soumettre à l'appréciation la portée et le caractère de cette rénovation qui commence, et prévoir qu'elle se fera dans le sens progressif, dans le sens et au profit de la civilisation. Car, bien qu'on n'aperçoive que des Musulmans sous le drapeau ottoman et sous le drapeau égyptien, le premier n'en représente pas moins le système de l'immobilité ou le principe conservateur, et le dernier le système du mouvement ou le principe du progrès.

L'œuvre de la régénération de l'Orient ne pouvait commencer dans des circonstances plus favorables, ni sous de meilleurs auspices. L'Europe, en se saisissant de la question turco-égyptienne, en a fait une question européenne, qui devra être, par conséquent, résolue d'une manière satisfaisante pour la sainte cause de l'humanité. En revendiquant le droit de pacifier l'Orient à l'aide d'une transaction, elle s'est imposé par là même le devoir d'y assurer le progrès social, d'y frayer la route à la civilisation et à la liberté chrétiennes.

L'Occident possède aujourd'hui une haute sagesse politique et une puissance militaire immense. Quel plus noble emploi, quel plus digne usage pourrait-il faire de ses forces morales et matérielles, que celui qui tend à aider au développement intellectuel et social de tant de millions d'hommes, à rétablir l'empire de la civilisation dans de vastes contrées que la barbarie lui avait arrachées, qu'elle a ruinées, dépeuplées et plongées dans une épaisse nuit ; à fonder une nouvelle monarchie égyptienne qui appellera, qui ralliera autour d'elle, pour les unir par le lien d'une vie commune, toutes les tribus arabes, qui, abandonnées à elles-mêmes, éparpillées et campées sous la tente, végètent dans les rares oasis du désert ; qui tend, enfin, à maintenir et à consolider, dans les limites nouvelles que lui assigneront les traités, l'empire ottoman par un protectorat puissant, désintéressé et salutaire, à la faveur duquel les sciences, les arts et l'industrie des nations occidentales pénétreront dans son sein, pour communiquer à ce vieux corps social, depuis si longtemps immobile, l'activité de l'intelligence et de l'industrie, qui est si propre à donner du mouvement aux sociétés politiques et à développer les forces vitales des peuples.

L'avenir de l'Orient se rattache à trop d'intérêts européens, il se lie trop directement aux destinées futures de l'Occident, pour que les grandes puissances ne saisissent pas avec empressement l'heureuse occasion que leur offre en ce moment leur médiation entre la Turquie et l'Égypte, d'imprimer le caractère, d'inoculer l'esprit de la civilisation moderne à ce nouveau monde qui se forme sous le ciel asiatique. Il importe, et il appartient à l'Europe, à laquelle ses lumières, ses richesses et sa puissance militaire assurent désormais l'empire de la terre, de présider à l'organisation politique de ce nouveau monde, de lui dicter les conditions de son existence, de lui assigner les formes qu'il devra revêtir pour être en harmonie avec les organisations sociales de l'Occident, de lui imposer enfin, à l'avance, le rôle qu'il devra remplir dans la grande famille du genre humain.

L'Europe a donc aujourd'hui une double mission à remplir à l'égard de l'Orient : l'une, politique, qui consiste à résoudre par les voies de la diplomatie la question de la souveraineté et de l'indépendance de Mohammed-Aly, à consacrer l'établissement égyptien, à en tracer les limites, à en régler d'une manière définitive les rapports avec l'Empire ottoman; l'autre, morale, qui consiste à initier les peuples musulmans à notre civilisation, à nos lois, à nos institutions, à les associer à la culture et à la possession des sciences, des arts et de l'industrie humaine, sources de la richesse, de la gloire et du bonheur des nations. Cette mission de progrès social n'est point en dehors du domaine des puissances; étroitement liée avec la mission politique, elle doit commencer et s'accomplir en même temps que celle-ci. Car, si, d'un côté, il est hors de doute que des relations nouvelles doivent s'établir dans un avenir dont la perspective ne brille plus dans le lointain, entre l'Orient et l'Occident, si leurs crises et leurs agitations politiques doivent se calmer par leur contact mutuel, si enfin le rapprochement des Musulmans et des Chrétiens est devenu pour les premiers une condition de salut et d'existence, pour les derniers une condition de repos, d'accroissement de richesse et de prospérité commerciale; d'un autre côté, il est incontestable que ce rapprochement et ces relations ne seront possibles, durables, et surtout avantageux aux deux hémisphères, qu'autant que l'organisation sociale des sectateurs de Mahomet sera mise en harmonie avec celle des adorateurs du Christ, c'est-à-dire, constituée sur des bases analogues à celle des états chrétiens, dans l'ordre civil comme dans l'ordre politique.

Pour donner plus de force à nos observations sur le double but que doit remplir l'intervention européenne en Orient, nous citerons ici l'opinion de M. Frédéric Lacroix, qui a publié, sous le titre *Question d'Orient*, une brochure fort étendue dans laquelle il apprécie la portée des principaux faits qui se rattachent à la question orientale, qu'il examine du point de vue turc. Après avoir montré dans quel sens le différend turco-égyptien doit être résolu sous le rapport des intérêts européens, et des intérêts de l'empire ottoman, cet écrivain continue en ces termes : « La tâche des puissances unies ne sera pas terminée ; il leur restera à placer le gouvernement turc sur de nouvelles bases, plus rationnelles et plus solides que celles sur lesquelles il s'appuie aujourd'hui. Évidemment, pour que la Porte Ottomane puisse à l'avenir résister à l'action redoutable des intrigues russes, il faudra qu'elle trouve autour d'elle des appuis certains. Ces appuis, ce sont *les institutions dont l'Occident dotera la Turquie*, institutions qui devront répondre aux besoins de l'empire, et servir d'égide au gouvernement contre ses propres erreurs. »

Dans une autre brochure intitulée *Statu quo*

d'Orient, également remarquable par les vues élevées que l'auteur y a développées et par le style pur et correct dans lequel elles sont énoncées, nous trouvons sur le même objet des observations analogues et plus précises encore; celles qui suivent nous paraissent dignes de fixer l'attention des hommes appelés à régler en ce moment les destinées de l'Orient.

« N'est-ce pas une cause sainte que celle qui a pour but de convier et d'initier à une vie nouvelle un peuple encore assis dans les ténèbres ?

« Répétons-le en terminant : Il faut en finir avec toutes ces réformes d'apparat qui n'affectent que la surface de la société musulmane, qui flattent les velléités belliqueuses des princes, et les conduisent à leur ruine au travers des larmes et de la misère des peuples. Soutenons les réformes qui, ayant d'abord le peuple pour objet, donnent une force réelle à la nation, celles qui conduisent à la fusion politique et à l'égalité légale des populations de diverses croyances. Ces réformes ne doivent pas être conduites dans un but purement politique ; elles doivent être achevées dans un but social, nous avons presque dit religieux, si l'on veut que leurs efforts soient durables et inoffensifs pour la chrétienté. L'exécution n'en peut être abandonnée au gouvernement ottoman, dont nous avons suffisamment constaté l'incompétence.

« Les ambassadeurs des grandes puissances devront abjurer cette espèce de fétichisme, où je ne sais quelle habitude traditionnelle les enchaîne pour toutes les œuvres du pouvoir turc, et ce qu'il appelle priviléges de race et de religion. Aujourd'hui, il n'y a entre ces maîtres imprudents (les Turcs) et les raïas humiliés, et ayant la conscience de leur supériorité sous tant de rapports, d'autre pacte que celui de maître à esclave. Il faut que l'intervention européenne en crée un autre plus équitable et moins dangereux. »

Nous indiquerons plus loin les moyens que nous regardons comme les plus propres à employer pour établir la civilisation chrétienne dans tout l'Orient, pour y assurer son paisible développement et son triomphe définitif; en attendant, nous ferons observer ici que l'accomplissement de cette mission morale et civilisatrice des puissances ne présente pas des difficultés aussi grandes et aussi nombreuses qu'on pourrait le croire au premier abord : déjà les lumières de l'Europe projettent leurs rayons bienfaisants par delà le Bosphore et le Caucase, percent à travers les ténèbres de l'islamisme, et vont déposer dans les esprits, sur une terre qui est encore au pouvoir de la barbarie, des idées nouvelles, des germes de régénération que le temps fécondera et développera. Les arts, les sciences et les découvertes de l'Occident ne s'arrêtent et n'expirent plus à la frontière du monde islamite, que le fanatisme musulman, comme une autre muraille de la Chine, les avait si longtemps empêchés de franchir. Déjà la civilisation européenne apparaît sur plusieurs points de l'Afrique et de l'Asie; elle est en possession de l'Algérie, d'où elle pousse, par Constantine, une pointe vers l'intérieur de l'Afrique; elle est depuis longtemps rentrée dans Alexandrie, et remonte le cours du Nil pour atteindre un jour l'Abyssinie, où se sont maintenus depuis les premiers siècles du christianisme jusqu'à ce jour, plusieurs principes de la religion chrétienne au milieu des idées superstitieuses qui dominent la population de cette contrée. Nous la voyons à Constantinople, luttant avec une noble énergie contre la barbarie et lui portant des coups mortels, en même temps qu'elle côtoie la mer Noire, et fonde les villes d'Odessa et de Sébastopol pour s'étendre bientôt dans toute la Crimée, qui lui fut ouverte par le traité de Constantinople en 1784. Smyrne lui est depuis longtemps acquise. Elle a, dans la grande et riche ville de Calcutta, un vaste foyer qui rayonne sur tout l'Indoustan. Enfin, elle pénètre avec les armées russes jusque dans ces régions caucasiennes dont des peuplades sauvages avaient disputé jusqu'ici la possession aux bêtes féroces.

Nous voyons par ce tableau des conquêtes de la civilisation européenne sur des peuples soumis à l'empire du croissant, qu'elle est déjà en possession de villes musulmanes très-populeuses, qui forment pour ainsi dire ses postes avancés en Orient. Dans ces villes qui sont autant de grands centres de commerce et d'idées, s'opèrent déjà, avec un vaste mouvement d'hommes et de produits industriels de toutes les parties du monde, ce contact et ce frottement des races mahométanes et des races chrétiennes, que nous appelons de nos vœux dans les autres parties du globe, où nous les voyons encore dans un état permanent d'hostilité et de haine profonde les unes à l'égard des autres.

Une circonstance qui doit seconder puissamment l'action de la politique émancipatrice de l'Europe en Orient, et qui est d'un bon augure pour le mouvement civilisateur qui le travaille et l'agite, c'est l'avénement aux trônes de Turquie et d'Égypte, de princes dépouillés des préjugés grossiers de l'islamisme, ayant la conscience des besoins nouveaux qui tourmentent leurs peuples, et la persuasion que ces besoins ne peuvent être satisfaits que par l'introduction, dans leurs états, d'un nouvel ordre de choses basé sur les grands principes de liberté et d'égalité individuelles, de justice et d'humanité, que le Christianisme a révélés au monde; c'est surtout le concours que prêteront à ces princes réformateurs des conseillers également acquis à notre civilisation, auxquels un séjour de plusieurs années en Occident a permis d'admirer le large développement et les heureux fruits d'institutions fondées sur les vrais principes d'ordre social et de se pénétrer des idées européennes. Des ministres tels que Reschid-Pacha et Boghos-Bey doivent reconnaître que le jour de la réconciliation est arrivé pour les Musulmans et les Chrétiens, que la durée et la consolidation des diverses nationalités mahométanes sont à cette condition, que le seul remède à la décomposition, à la corruption qui s'attaque déjà au fond de ces nationalités, ne peut être que dans une réforme complète et radicale du système gouvernemental qui a dominé jusqu'à ce jour en Orient, et dans la répudiation de lois barbares et d'institutions créées par le fanatisme et la superstition.

Mais, en admettant même que les grandes puissances ne fussent pas appuyées par les gouvernements musulmans dans l'œuvre de la régénération des peuples orientaux, nous n'en persisterions pas moins à soutenir que leur devoir et les intérêts de l'Europe leur font une loi impérieuse d'entreprendre cette œuvre civilisatrice et vraiment sainte. Il est temps de faire abandonner aux nations asiatiques, en les initiant au progrès européen, ce vieux système d'immobilité qui les retient depuis la création du monde sous le joug d'un despotisme sans limites, despotisme pur, qui en Asie paraît être endémique et autochthone, fléau non moins funeste à l'Orient que la peste et le vent empoisonné du désert. Il est temps que les millions de Chrétiens répandus en Asie soient affranchis des injustices, des outrages et des violences dont le fanatisme musulman les accable journellement. Or, ces Chrétiens et les raïas en général ne seront gouvernés avec humanité et équité par les pachas, leur foi, leurs propriétés ne seront respectées par les peuples qui se prétendent les *vrais croyants* et les favoris du ciel, que le jour où les grandes puissances de l'Europe auront pris en Orient une position assez élevée pour pouvoir y exercer une influence directe, intime, prompte, sur ces peuples, sur leur existence politique et leur indépendance nationale. Ce n'est que devant cette influence imposante et salutaire tout à la fois que disparaîtront et ces distinctions dégradantes auxquelles les adorateurs du Christ sont condamnés sous la domination musulmane, et ces odieux impôts, connus sous le nom de *kharadj* et d'*avaniah*, source de mille vexations pour les Chrétiens et les Israélites qui les payent à titre d'*Infidèles*.

CHAPITRE III.

CAUSES DE LA DÉCADENCE DE L'EMPIRE OTTOMAN. — CAUSES POLITIQUES ET INTERNES. — CAUSES MORALES ET EXTERNES.

Depuis que l'empire ottoman est livré au travail d'une dissolution sociale, plusieurs opinions ont été publiées sur la nature des principes délétères qui l'ont produite, et qui, sans l'intervention de l'Europe, n'eussent pas tardé à effacer du tableau des nations ce grand corps politique, l'une des plus vastes et des plus puissantes monarchies qui se fussent élevées depuis la chute du colosse romain.

Bien que la plupart de ces opinions reposent sur des faits qui ne sont pas restés étrangers à l'affaiblissement de la monarchie des Osmanlis, qui ont même agi de concert avec les principes susdits pour déterminer l'état de langueur et d'impuissance où nous la voyons tombée aujourd'hui, nous ne pouvons cependant les admettre comme fondées, comme vraies, que sous le rapport des causes secondaires qui se sont associées, sous la forme de ces faits, à des causes supérieures, plus générales et plus puissantes, causes premières, à l'action incessante desquelles nous attribuons la décomposition d'un empire qui avait été fondé par le glaive, et qui devait périr dès l'instant où il ne pourrait plus se servir de cette arme ni pour étendre ni pour conserver ses conquêtes.

Deux ordres de causes bien distinctes et bien caractérisées ont affecté d'une manière sensible la puissance de l'empire ottoman, et ont agi dans sa décadence avec une force extraordinaire, bien que naturelle. Ces causes sont, les unes politiques et internes, les autres morales et externes. Les premières sont inhérentes à l'organisation sociale et au système gouvernemental des Osmanlis, ainsi qu'à la situation géographique des diverses parties de leur empire : ce sont les principes d'après lesquels ils ont établi les distinctions des races et la division de la société en plusieurs castes, en musulmans et en raïas, en vainqueurs et en vaincus, en maîtres et en esclaves, c'est-à-dire, en oppresseurs et en opprimés ; ce sont les préjugés d'après lesquels ils ont marqué du sceau de la réprobation les deux tiers de leur population, élevé une fraction du corps social sur l'abaissement de la majorité, cantonné les religions et parqué les peuples qui les professent; ce sont enfin l'immense étendue des pays et la grande diversité des peuples sur lesquels leur ambition et leur esprit de conquête les poussèrent à étendre leur domination et à faire peser leur sceptre de fer, sans tenir compte ni des distances qui séparaient, qui isolaient ces pays les uns des autres, ni des différences de langues, de mœurs et de croyances qui les rendaient étrangers les uns aux autres. Ainsi, la première condition de la force et de la durée d'une nationalité, l'unité intérieure sous le rapport des populations et sous le rapport du territoire, c'est-à-dire, ce lien puissant qui constitue la solidarité nationale, qui rapproche, unit et confond tous les membres d'un État dans le sentiment d'une seule et même existence politique, d'une seule et même destinée sociale, sous l'empire des mêmes lois, dans la conscience des mêmes droits et dans les mêmes limites; cette première condition, disons-nous, manquait à l'empire ottoman, supérieur en étendue aux gigantesques empires des Romains, de Charlemagne et de Charles-Quint. Il n'existait pas entre tant de races réunies sous le même sceptre, de grands intérêts qui leur fussent communs. Il y avait bien entre elles un point de contact, mais il n'y avait point d'alliance ni de fusion. Un tel état de choses devait entretenir cette profonde antipathie qu'elles éprouvent encore les unes pour les autres, et qui les empêchera longtemps encore de se soulever toutes pour la cause d'un même principe.

Les possesseurs d'une monarchie qui comprenait dans son enceinte le Danube et l'Euphrate, le Tigre et le Nil, le Caucase et le Balkan, le Taurus et l'Atlas, qui réunissait sous ses lois plusieurs vastes pays de l'Europe, une grande partie de l'Asie et presque toute l'Afrique connue, c'est-à-dire plus de vingt peuples, différents de mœurs, de langues et de religions, auraient dû diriger tous leurs efforts vers une fusion politique aussi complète que possible de tant d'éléments hétérogènes et discordants. Ils auraient dû constituer les diverses nationalités englouties dans leur empire, en une grande unité politique et sociale. Mais une telle tâche, que des conquérants habiles eussent au moins entreprise, ne pouvait se présenter à l'esprit de guerriers barbares qui dédaignaient de régler leurs actes sur les principes d'une saine politique, qui ne connaissaient et n'employaient que des moyens violents pour gouverner les peuples. Ces guerriers ignorants se flattèrent d'éteindre dans l'esclavage toutes les nationalités que leur glaive avait dépouillées de l'indépendance et enveloppées dans l'empire du croissant, sans réfléchir que parmi ces diverses nationalités, il en était plusieurs héritières d'un grand nom, pourvues de glorieux souvenirs qui devaient s'altérer sans doute, mais non s'effacer complètement dans le cours des siècles, et que l'esclave qui sait que ses ancêtres furent libres est toujours impatient de briser ses chaînes.

Quant aux causes morales et externes qui ont concouru à l'affaiblissement et à la décadence de l'empire ottoman, un simple cavalier turc nous les apprend, et nous explique à sa manière que ces causes résident dans l'invention de la poudre à canon, dans les combinaisons de l'art substituées aux forces brutales du corps, en un mot, dans les progrès de la civilisation chez les nations chrétiennes, qui devinrent par là supérieures aux nations musulmanes. Voici à quelle occasion cette explication eut lieu. Dans une incursion en Croatie, deux mille cinq cents Turcs avaient été surpris par un parti de cinq cents mousquetaires et mis en fuite avec un grand carnage. Un cavalier dalmate, de ceux qu'en raison de leur témérité et de l'audace de leur courage les Turcs appelaient *delis* (*fous*), fut expédié à Constantinople et annonça au divan le malheureux résultat de cette incursion. L'orgueil ottoman, dit Busbeck qui rapporte ce fait, fut plus affecté de la tache imprimée aux armes du sultan que de la perte des troupes, que le divan supposa s'être conduites d'une manière indigne du nom turc. « Me suis-je exprimé en des termes inintelligibles ? dit le deli, immobile à ce reproche. N'avez-vous pas entendu qu'ils ont été vaincus par la mousqueterie ? Nous avons été mis en déroute par la force du feu, et non par la bravoure de l'ennemi. L'événement de la bataille eût été bien différent, si c'eût été réellement un conflit de valeur ; mais l'ennemi a appelé le feu à son secours, et nous avouons que nous avons cédé à sa violence. Le feu est un élément, et c'est le plus puissant des éléments. Quelle est la force humaine capable de résister au choc des éléments ? »

En effet, comme le dit fort bien le deli qu'on vient d'entendre, il était impossible aux Ottomans de résister aux nouveaux moyens de destruction adoptés dans la guerre par les nations chrétiennes. Aussi, c'est de l'époque où la guerre fut soumise à des principes, où la tactique et la stratégie furent créées et mises au rang des arts, où l'on vit succéder aux chevaliers du moyen âge, à ces milices temporaires et indisciplinées, ces armées permanentes, ces légions redoutables, qui sont devenues le boulevard des sociétés modernes ; c'est, disons-nous, de cette époque mémorable que datent les premiers revers des armées musulmanes et la décadence vers laquelle l'empire ottoman n'a cessé de marcher depuis avec une effrayante rapidité. Une fois protégée par la *mousqueterie*, défendue par une artillerie formidable et par des armées nationales bien exercées et bien organisées, l'Europe cessa de trembler pour ses capitales, que les infidèles avaient plus d'une fois menacées, et sur plusieurs desquelles ils virent avec orgueil flotter l'étandard de leur prophète.

L'influence des causes politiques et internes sur la dissolution de l'empire fondé par Mahomet, ressortira d'une manière plus saillante et plus évidente de la condition sociale des Chrétiens d'Asie, à l'exposition de laquelle sera consacré le chapitre suivant.

CHAPITRE IV.

CONDITION SOCIALE DES CHRÉTIENS D'ASIE, CONSIDÉRÉS PAR LES MUSULMANS COMME UNE RACE INFÉRIEURE.

Dès le début de son étonnante carrière, le fondateur de l'islamisme sentit la nécessité de ménager les Chrétiens de Syrie et d'adopter à leur égard une politique bienveillante, pour s'assurer leur neutralité dans son entreprise de soumettre l'Arabie à ses armes et d'y propager sa nouvelle religion. Plusieurs documents, qui ont été conservés jusqu'à ce jour, témoignent des dispositions favorables du prophète de la Mekke pour une population dont il connaissait la valeur, et qui pouvait opposer de grands obstacles aux progrès de ses conquêtes. Que ces dispositions envers les Chrétiens fussent inspirées à Mahomet par la crainte ou par les principes de sa religion empruntés au christianisme, c'est ce que nous n'avons point à examiner. Ce qu'il nous importe de constater, c'est qu'il conclut avec lse

Chrétiens de Syrie un traité d'alliance et d'amitié dont l'original doit encore exister, suivant *Elias Abesci*, à la bibliothèque royale de Paris. Par ce traité, Mahomet s'engagea solennellement à protéger leurs personnes, leurs effets, leurs églises et leurs couvents ; à ne point demander qu'ils prissent les armes pour lui, à les défendre au contraire, s'ils étaient attaqués par leurs ennemis, à ne convertir aucune de leurs églises en mosquée, à laisser leur clergé jouir tranquillement de ses bénéfices, exempt de toutes taxes et de tous tributs, qui ne seraient jamais pour eux au-dessus de ceux que payeraient les Musulmans. Non-seulement il s'engagea à ne jamais les forcer à changer de religion, ni leurs moines à quitter leur profession, ni les péres à marier leurs filles à des hommes de sa secte ; mais il promit que, dans les cas où de pareilles unions pourraient avoir lieu du consentement libre des familles, l'épouse chrétienne aurait la liberté de suivre, sans être inquiétée, la loi de ses pères. Il fut encore stipulé que les siens n'exerceraient aucun acte tyrannique sur les Chrétiens qui s'établiraient parmi eux, et qu'on n'en exigerait aucune servitude.

Les Chrétiens, de leur côté, s'engagèrent à n'aider ni de leurs personnes, ni de leurs biens, ni de leurs conseils, les ennemis des Musulmans ; à exercer l'hospitalité envers ceux-ci, et à leur donner tous les secours qui seraient en leur pouvoir.

Le manuscrit original de ce traité fut d'abord

déposé entre les mains des religieux du couvent du Mont-Carmel ; il fut ensuite porté en France pour y être conservé à la bibliothèque susdite.

Mahomet, rassuré par ce traité contre une opposition puissante, se vit en liberté de prendre le souverain pouvoir, d'étendre ses conquêtes, et d'établir non-seulement sa nouvelle religion, mais un nouvel empire.

Lorsque le prophète visita le monastère du Mont-Sinaï, il accorda aux religieux de ce couvent un diplôme qui leur conférait d'importants priviléges. Ce diplôme, au bas duquel Mahomet avait apposé, en forme de signature, ses cinq doigts trempés dans l'encre, doit encore se trouver dans le trésor du sérail où il fut déposé par Sélim Ier, qui l'enleva aux religieux du Mont-Sinaï après leur en avoir laissé une copie conforme à l'original, et confirmée de sa propre main.

Pour montrer combien la conduite des sultans envers les Chrétiens fut différente de celle dont Mahomet leur avait donné l'exemple, et combien leur politique fut injuste et persécutrice envers toutes les populations de leur empire qui n'appartenaient pas à l'islamisme, nous allons mettre sous les yeux de nos lecteurs un court exposé de la situation dans laquelle se trouvent aujourd'hui ces populations. Nous empruntons cet exposé à une brochure publiée en anglais, sous le titre : *The establishment of the Turks in Europe.* Nous ne traduisons que les passages les plus remarquables, que nous rendrons aussi littéralement que possible. Nous ferons observer, avant de commencer, que l'auteur de cet exposé a compris dans son tableau toutes les anciennes provinces de l'empire ottoman, par conséquent l'Égypte et la Syrie. Or la justice et la vérité nous obligent à déclarer que dans ces deux dernières contrées, depuis l'époque où elles sont passées sous la domination de Mohammed-Aly, les raïas n'ont plus eu à souffrir du système politique et administratif de l'empire, tel qu'il est développé dans l'écrit susdit.

La condition des Chrétiens de l'empire ottoman est bien digne de compassion; leur industrie fait la fortune de leurs tyrans; ils payent leurs bourreaux du fruit de leur travail; c'est leur habileté qui soutient la marine de leurs maîtres, leurs revenus qui servent de salaire à une armée destinée à les maintenir dans l'esclavage, et, avant la destruction du corps des janissaires, les oppresseurs eux-mêmes étaient fils des opprimés!

Les impôts sont principalement supportés par les infidèles. On distingue trois grandes taxes : le *miri* ou impôt territorial, la taxe sur les propriétés particulières, et enfin le *karadj* ou la *capitation*. Le miri, qui se lève dans tout l'empire, est la dixième ou la cinquième partie du produit des terres; il est payable, soit au Sultan pour le trésor de l'État, soit aux pachas pour contribuer à leurs revenus et pour couvrir les dépenses de l'administration.

La taxe sur les propriétés est imposée de la manière la plus inégale et la plus arbitraire ; elle se lève sur les propriétés personnelles des raïas, sur les produits de leur industrie, sur les maisons, fermes, magasins et boutiques. En Grèce, avant la révolution qui a détaché ce pays de l'empire ottoman, on l'évaluait au quart du produit net des bénéfices du négociant.

Le *karadj* ou capitation varie depuis quatre piastres jusqu'à douze. Tout infidèle mâle, qui a atteint l'âge de douze ans, est obligé de payer cet impôt jusqu'à sa mort. Cette taxe est une espèce de carte d'une certaine couleur que le raïa est obligé d'exhiber à la première sommation des agents de l'autorité.

La taxation du karadj entraîne mille vexations arbitraires ; elle est encore la source de maux plus sérieux. On estime d'avance qu'un district doit rapporter tant, et le percepteur est responsable sur sa tête de la somme qui doit rentrer dans le trésor. On estimait que les terres de la Morée rapportaient deux millions de piastres au Sultan, un million au pacha, et quinze cent mille francs aux *codja-bachis*. Ainsi, pour nous servir d'une phrase d'un célèbre orateur, *le peuple y était la proie de la docilité des vautours*.

The people were the prey of a subordination of vultures.

Néanmoins toutes les taxes régulières sont encore inférieures aux extorsions arbitraires des pachas.

L'*avaniah*, nom d'une taxe imposée sans justice et sans raison, n'a d'autres limites que celles de la rapacité du gouverneur ; sa propre compassion est le seul frein de son pouvoir. Mais l'humanité d'un pacha envers des infidèles offre une bien triste sécurité quand tout semble autour d'eux organisé pour leur oppression. Qu'un pacha soit ambitieux, il ne peut maintenir son crédit auprès du gouvernement que par de riches présents, ou par des forces suffisantes pour assurer son indépendance ; qu'il soit avare, il profite inévitablement de l'éclat de sa prospérité et de sa puissance pour amasser un trésor ; qu'il aime le luxe et la dépense, il arrache aux entrailles du peuple les ressources de sa prodigalité. Ainsi, l'ambition, l'avarice et l'ostentation, passions dont peu de mortels sont exempts, conspirent toutes contre le bonheur et le repos des malheureux infidèles qui vivent dans les états du Sultan. Dans cette branche de l'administration, comme dans toutes les autres, un pouvoir sans limites et sans contrôle est l'objet des malédictions du peuple. Mais qu'on se plaigne à Constantinople des exactions d'un pacha, de plus riches cadeaux au Sultan, des présents annuels au vizir et autres favoris, ont bientôt légitimé les cruautés commises et fait excuser des extorsions qui désolent et ruinent tout un pays.

A tous les genres d'oppressions qui résultent de l'administration de la justice et de la répartition des impôts, il faut ajouter que les sujets chrétiens des souverains de l'Asie sont considérés comme appartenant à une race inférieure, et qu'ils portent dans toutes les relations de la vie les marques de leur dégradation. En vertu d'un fetva solennel du mufti, le serment d'un Chrétien qui n'est pas confirmé par le témoignage d'un Musulman n'a aucune force contre un sectateur de Mahomet ; or, un Musulman, pour déposer dans une cour de justice, doit être en état de grâce. Bajazet Ier ne put paraître un jour comme témoin, parce qu'il n'avait pas récité les cinq prières en public. De quelle valeur peut donc être le serment d'un Chrétien? D'ailleurs, tandis que la loi n'inflige qu'une peine légère au parjure d'un Musulman contre un infidèle, celui d'un infidèle contre un Musulman est toujours puni de mort. Il suit de là que mille réclamations s'élèvent contre un malheureux Chrétien, et qu'un étranger s'empare de ses propriétés et de sa maison, sans qu'il ait le moindre recours à espérer contre cet acte de violence. Si un Musulman tue un Chrétien de propos délibéré, la loi qui le condamne n'est pas exécutée : le meurtrier reste impuni ; mais le moindre coup porté par un Chrétien à un Musulman est puni du dernier supplice.

Les Chrétiens sont obligés de vivre dans des maisons d'une couleur brune ; leur costume est brun, et il leur est surtout interdit de porter un turban vert, un châle blanc et des pantoufles jaunes. Si leurs demeures sont élégantes, il faut qu'ils en rendent l'extérieur misérable ; s'ils possèdent de beaux chevaux, ils n'osent les monter eux-mêmes.

Quelque dégradantes que soient ces distinctions, elles ne sont rien encore en comparaison de tout ce que l'on fait souffrir aux Chrétiens ; le traitement qu'ils éprouvent est plutôt celui que fait subir un peuple ennemi à un peuple vaincu, que celui qu'impose un gouvernement à un peuple conquis. Le Turc le plus obscur traite le Chrétien du rang le plus élevé de la manière la plus injurieuse. Un Musulman voit un infidèle assis dans sa boutique ; il l'appelle, et le Chrétien charge son bagage sur le dos de ses chevaux, ou se soumet à des devoirs plus pénibles encore. L'usage de porter des armes laisse les passions sans frein, et on conçoit aisément quelle est la condition d'un peuple d'une religion haïe et d'une race méprisée, vivant en présence de ses maîtres qui ont un sabre à leur côté ou un pistolet à leur ceinture.

La vie d'un Chrétien est toujours à la merci du premier accès de colère d'un Musulman. On les mutile, on les tue plus légèrement qu'un commissaire de Londres n'adresse une réprimande. Voilà des choses qui, supportées avec calme par des âmes sans énergie, s'empreignent au contraire profondément dans des cœurs sensibles à la honte et à l'honneur ; voilà les injures qui, tolérées d'abord sans ressentiment, soulèvent à la fin les populations et provoquent une vengeance non moins cruelle que les traitements mêmes qui l'ont amenée.

Il est naturel et consolant tout à la fois de reconnaître qu'un système politique aussi vicieux que celui des Ottomans affaiblit le monarque en désolant le pays.

Il arrive en Syrie que les tribus errantes se fixent dans un lieu qui leur plaît, et renonçant à la vie nomade, changent de mœurs et se livrent aux travaux des champs. Cette coutume pourrait, avec le temps, civiliser la masse du peuple, mais les extorsions des pachas et de leurs officiers les forcent souvent à déserter les demeures qu'ils se sont construites; ils fuient, et redemandent au désert l'indépendance et la liberté de la vie arabe.

Dans les provinces européennes, les habitants, dépouillés par les extorsions des gouverneurs, deviennent des brigands et le fléau de leurs concitoyens. De là cette vie errante continuée de nos jours dans les parties de la Syrie favorables à la culture; de là l'estime que les Grecs, sujets du Sultan, ont conservée pour la profession de voleur. Mais combien elle doit être monstrueuse la tyrannie de ce gouvernement, qui tue dans le cœur de l'homme le plus naturel de tous les sentiments, l'attachement à la propriété!

CHAPITRE V.

ÉMANCIPATION DES RAÏAS.

Nous avons signalé le mouvement moral qui ébranle aujourd'hui le monde islamite et l'entraine vers des destinées nouvelles, ainsi que les nombreuses positions que la civilisation occidentale s'est déjà assurées en Orient, positions qui ouvrent devant elles une immense carrière de conquêtes plus importantes sur la barbarie; nous avons montré que l'intervention des grandes puissances dans la question turco-égyptienne constitue un fait diplomatique d'une haute portée sociale; qu'elle doit être considérée non-seulement comme un fait purement politique, mais encore comme un fait éminemment humanitaire, dont l'influence providentielle sur l'avenir de l'Asie hâtera la réalisation du grand œuvre de l'émancipation humaine; nous avons développé les principales causes de la décadence de l'empire ottoman, et dépeint le malheureux sort de dix millions de chrétiens qu'une monstrueuse et stupide tyrannie avait mis hors la loi et condamnés sous le nom de *raïas* au plus dur et au plus honteux esclavage.

Il nous reste maintenant à indiquer le mode de régénération qu'il convient, selon nous, d'adopter pour l'Orient, et que nous nous sommes proposé de soumettre à la haute sagesse des puissances qui apparaissent comme médiatrices dans la question turco-égyptienne.

Les moyens que nous jugeons les plus propres à faire entrer le progrès européen dans les États musulmans sont : l'affranchissement complet des raïas, *garanti par les puissances*, et la réintégration de la chrétienté dans la possession de la Terre Sainte.

L'initiation de la grande famille musulmane à l'esprit civilisateur et au progrès humain en général n'est possible qu'à la condition d'être douce, pacifique et spontanée. La violence et la contrainte seraient les plus grands obstacles à l'accomplissement de cette heureuse transformation sociale que le monde oriental commence à subir ; elles retarderaient pour longtemps l'œuvre de la régénération, en rallumant le fanatisme musulman et en replongeant l'Orient dans une guerre d'extermination. L'incompatibilité radicale qui existe entre les dogmes du Coran et la civilisation chrétienne est un fait qu'on ne peut méconnaître, et dont les grandes puissances devront nécessairement tenir compte dans les dispositions qu'elles prendront relativement à la situation des raïas. L'intervention européenne en Orient ne doit pas porter le trouble dans les croyances religieuses des sectateurs de Mahomet. Or, pour éviter le danger d'alarmer les consciences musulmanes, les puissances devront borner leur action morale et civilisatrice en Orient aux éléments chrétiens, c'est-à-dire aux raïas. Les éléments musulmans ne doivent et ne peuvent subir immédiatement que leur action et leur influence politiques. L'affranchissement des raïas et l'abolition de l'esclavage des Chrétiens, dans les États soumis à l'empire du croissant, sont dans le droit et du domaine des puissances. La possession de l'homme par l'homme, telle qu'elle est consacrée en Orient, est un outrage fait à l'humanité, un abus criminel de la force, qui trouble l'ordre moral et l'ordre social tout à la fois.

Dans un moment où la plus noble, la plus sainte pensée qui ait jamais préoccupé les hommes, l'abolition de l'esclavage sur la terre, est à l'ordre du jour au parlement français, et trouve à la tribune législative des interprètes aussi éloquents que MM. de Lamartine et Odillon-Barrot, nous croyons superflu de discuter ici la question de l'émancipation des Chrétiens d'Asie. D'ailleurs, cette émancipation vient d'être consacrée en droit et en principe par le khatti-chérif de Ghul-Khané; il ne reste plus aux puissances qu'à l'établir en fait et à en garantir les effets par le traité qu'elles feront avec la Sublime Porte et Mohammed-Aly, quand elles seront tombées d'accord sur une solution définitive de la question orientale.

La liberté individuelle et religieuse des raïas doit être placée sous l'égide de l'Europe. En vain le khatti-chérif de Ghul-Khané, que la presse européenne a si mal à propos décoré du nom de *charte constitutionnelle*, aurait-il été déposé sous la sauvegarde du manteau de Mahomet, s'il prenait un jour envie au mufti de l'anéantir et de replonger les Chrétiens de l'empire dans l'esclavage : affranchis en vertu d'un *firman*, ils redeviendraient esclaves en vertu d'un *fetva*. Le khatti-chérif du 3 novembre n'a pas changé la forme ni le caractère du gouvernement ottoman; il a seulement étendu aux raïas les droits civils des Musulmans, et jeté les fondements d'un nouveau *régime administratif*. Le principe du système politique est resté le même; le gouvernement qui a pour siége Constantinople continue de présenter dans ses éléments constitutifs une combinaison de la théocratie avec la stratocratie. La seule, la vraie charte constitutionnelle de l'empire ottoman, c'est le *Coran*; le khatti-chérif lui-même est basé, à tort ou à raison, sur cette loi sacrée du prophète de la Mekke. De sorte que le Sultan était, après la promulgation du décret impérial susdit, ce qu'il était avant cet acte, un souverain absolu, dans le sens le plus étendu de ce mot, un autocrate, un despote. Que le parti antiréformiste, qui réunit sous sa bannière la puissante corporation des Oulémas, vienne à prévaloir demain dans les conseils du Grand Seigneur, un autre khatti-chérif révoquera aussitôt celui de Ghul-Khané, et replongera les raïas dans leur condition première.

Ces observations suffisent pour prouver que la nouvelle position sociale faite aux Chrétiens de l'empire ottoman par le khatti-chérif du 3 novembre est toujours précaire, toujours dépendante des caprices du pouvoir, et que ces Chrétiens, si dignes de la sollicitude de leurs coreligionnaires d'Europe, ne seront complétement rassurés contre l'arbitraire des autorités musulmanes que par des stipulations protectrices de leurs droits et de leurs libertés dans les traités des grandes puissances avec les gouvernements de l'Asie et de l'Afrique.

Le khatti-chérif de Ghul-Khanè n'en est pas moins à nos yeux un grand progrès dans la voie de la civilisation en Orient, un immense service rendu à l'humanité, un acte par conséquent digne de la reconnaissance du monde civilisé. Le firman de Ghul-Khanè fera époque dans l'histoire politique des Osmanlis, et rendra immortel le nom du jeune Sultan qui, au début de sa carrière impériale, a si noblement pris l'initiative du mouvement social qui doit régénérer ses peuples. Nous avons une confiance entière dans les vues généreuses et éclairées des ministres actuels de la Sublime Porte ; nous sommes convaincu que leur intelligence élevée a compris que le seul moyen de replacer l'empire dans des conditions normales de force, d'indépendance et de prospérité est l'adoption et l'exécution franche des mesures que le Sultan a si solennellement annoncées à ses sujets le 3 novembre dernier. Mais, quand nous voyons assez fréquemment, dans des États constitutionnels de l'Europe, des souverains entraînés par leurs conseillers à violer les constitutions, pouvons-nous espérer que, sous un des gouvernements les plus absolus de l'Asie, un grand visir et un mufti respecteront toujours un khatti-chérif qui contient des dispositions favorables aux infidèles, bien que ces dispositions ne soient que conformes à la justice ?

Nous nous proposions de signaler ici au gouvernement de la Sublime Porte les principales réformes qui restent à opérer, et qui, suivant nous, pourraient être immédiatement introduites dans l'empire ottoman ; mais le zèle et l'activité que déploie le divan pour améliorer l'état social des Osmanlis nous donnent la conviction qu'il a déjà porté son attention sur ces réformes, et que leur adoption n'est plus à Constantinople qu'une question de temps. Nous nous bornerons, en conséquence, à réclamer l'abolition du commerce d'esclaves dans les États du Grand Seigneur, l'émancipation des femmes, dont l'admission dans la société exerce une influence si puissante et si heureuse sur le caractère et sur la civilisation des peuples, l'abolition des tortures ou *question*, en matière judiciaire, et de l'usage barbare d'après lequel tout Musulman, même hors du service militaire, et sans une permission de l'autorité, a le droit de porter un sabre au côté et un pistolet à la ceinture, droit que n'a point le raïa.

CHAPITRE VI.

RÉINTÉGRATION DE LA CHRÉTIENTÉ DANS LA POSSESSION DE LA TERRE SAINTE.

Il est temps, selon moi, de lancer dans le cœur de l'Asie une colonie européenne, de reporter la civilisation moderne dans les lieux d'où la civilisation antique est sortie.

(DE LAMARTINE, *Voyage en Orient.*)

La réintégration de la chrétienté dans la possession de la Terre Sainte est le second moyen que nous avons signalé comme devant hâter et assurer la régénération politique et sociale de l'Orient.

C'est la Syrie qui doit être le siége de l'influence et de l'action politique des grandes puissances sur le monde musulman, et c'est au cœur de cette contrée, sur les montagnes saintes de la Palestine, que l'Europe doit planter en Orient son drapeau de civilisation et de liberté.

L'islamisme doit une grande réparation au christianisme, nous voulons dire la *restitution du Saint Sépulcre* et de tout le territoire connu sous le nom de *Terre Sainte*.

Le moment semble être arrivé où cette restitution doit enfin s'opérer, où la chrétienté doit reprendre le glorieux héritage de Godefroy de Bouillon, et rentrer dans la possession des lieux dépositaires de ses archives.

Les grandes puissances qui sont appelées à reconnaître et à sanctionner les droits du Sultan et du pacha d'Égypte sur telle ou telle province de la Syrie appartiennent heureusement toutes au christianisme ; elles sauront, sans aucun doute, rappeler aux gouvernements musulmans et faire respecter par eux les titres sacrés du monde chrétien à la possession, non pas nominale, mais réelle, du berceau et du tombeau du Christ.

Quelle que soit la solution de la question orientale, que la Syrie reste définitivement sous la domination du souverain de l'Égypte ou qu'elle rentre sous celle du Grand Seigneur, la Palestine est une terre chrétienne qui, sous le rapport politique et administratif, doit être détachée du monde islamite et doit rentrer, comme État libre, indépendant et neutre, dans la sphère de la grande confédération chrétienne.

Les droits de la chrétienté sur Jérusalem et sur toute la Terre Sainte, conquis par l'épée du prince belge dont nous venons de rappeler le nom si célèbre, ont toujours été reconnus d'une manière indirecte par les divers gouvernements musulmans qui ont successivement dominé en Syrie. Toutes les capitulations ou traités qui ont eu lieu entre la Porte Ottomane et les puissances européennes renferment des stipulations particulières en faveur des lieux saints et des Chrétiens qui vont les visiter. Les rois de France, surtout, ont manifesté par des stipulations de cette nature une vive sollicitude pour la conservation de ces droits. Dès l'année 1525, on les voit prendre, du consentement des empereurs de Turquie, le titre de *Protecteur unique du christianisme dans l'Orient.* Le premier article de la capitulation conclue entre la cour de France et la cour ottomane en 1534, et renouvelée plusieurs fois depuis, est conçu dans les termes suivants :

« On n'inquiétera point les Français qui vont et viendront pour visiter Jérusalem, de même que les religieux qui sont dans l'église du Saint-Sépulcre, dite *Kamama.* »

L'article 2 porte :

« Nous voulons que les nations chrétiennes et ennemies qui sont en paix avec l'empereur de France, et qui désireront de visiter Jérusalem, puissent y aller et venir, dans les bornes de leur État, en la manière accoutumée, en toute liberté et sûreté, *sans que personne leur cause aucun trouble ni empêchement.* »

Dans l'article 82, on lit :

« Nous voulons que, de la part des pachas, cadis, commandants et autres officiers qui se trouvent à Jérusalem, il ne soit fait qu'une visite par an dans l'église de l'endroit nommé *le Sépulcre de Jésus*, de même que dans les autres églises et lieux de visitation des Chrétiens. »

Les droits des rois de France sur les lieux saints furent confirmés par le sultan Mahomet IV à

Louis XIV, qui prit le titre de *Protecteur unique du christianisme en Orient,* accordé en 1525 à l'un de ses prédécesseurs.

Sous le Directoire, en 1796, tous les établissements religieux du culte catholique, situés dans les états du Grand Seigneur, furent placés sous la protection particulière de la France, à la demande de l'ambassadeur de la république.

Telles furent les seules concessions que les souverains musulmans consentirent à faire aux rois de la chrétienté, relativement aux saints lieux, dans les siècles où la puissance militaire et la barbarie des sectateurs de Mahomet les avaient rendus si redoutables aux nations de l'Europe. Quoique déjà fort restreintes par elles-mêmes, ces concessions devinrent encore tout à fait illusoires par la mauvaise foi du gouvernement turc, par la rapacité et le fanatisme des Musulmans de Syrie.

Aucun des articles cités plus haut ne fut exécuté sincèrement : les religieux de Terre Sainte furent toujours et sont encore pressurés, insultés et tyrannisés par les autorités locales ; les Chrétiens et tous les voyageurs européens qui ont le courage d'aller visiter les lieux saints y sont encore aujourd'hui, comme autrefois, dépouillés, maltraités et même assassinés par les Arabes de la Palestine. Il ne se passe pas un jour sans que les religieux du Saint Sépulcre n'aient à souffrir une avanie, et sans qu'ils soient menacés de coups de bâton, de la prison ou de la mort. La veille même de l'arrivée de M. de

Chateaubriand à Jaffa, le père procureur de l'hospice avait été menacé de la corde par un domestique de l'aga, en présence de l'aga même, et lorsque ce noble voyageur arriva au monastère des pères latins à Jérusalem, il le trouva envahi par les soldats d'Abdallah, qui se faisaient donner tout ce qui était à leur convenance. Ces pères se crurent sauvés par la présence d'un seul Français. Leur monastère doit payer annuellement au pacha quatre mille piastres, en vertu d'un ancien usage et à titre de simple présent, mais les pachas en exigent souvent jusqu'à soixante mille. Les soldats d'Abdallah étaient là, au moment de l'arrivée de M. de Chateaubriand, pour arracher aux religieux cette énorme somme.

Au couvent de Saint-Saba on montre encore trois ou quatre mille têtes de morts, qui sont celles des religieux qui ont été massacrés par les infidèles depuis qu'ils se sont emparés des saints lieux.

Les religieux ne peuvent ni réparer ni rebâtir leurs couvents et leurs églises détériorés ou tombés en ruine, par suite d'un incendie ou par vétusté, qu'après en avoir demandé et payé chèrement la permission, dans laquelle on a soin de glisser cette formule restrictive : *Cet édifice sera rebâti de la manière que la loi musulmane le comporte*, c'est-à-dire que l'on doit réparer ou rebâtir l'édifice en question dans le même lieu, sur le même plan, et *avec les mêmes pierres*, sous peine de devoir recommencer quand l'ouvrage aura été achevé.

Les voyageurs n'arrivent à Jérusalem qu'après

avoir couru toutes sortes de dangers et souffert toutes sortes d'avanies de la part des Musulmans syriens, et ils ne peuvent entrer dans la sainte cité qu'après avoir payé un tribut à la porte des pèlerins.

Disons-le, à la honte des rois de l'Europe et du gouvernement ottoman lui-même, la Terre Sainte, qui intéresse à un si haut degré l'homme religieux, à quelque culte qu'il appartienne, est devenue sous l'administration musulmane un véritable repaire de voleurs et de brigands. A peine un étranger peut-il parcourir le district de Jérusalem sans être protégé par une escorte imposante et coûteuse; s'il veut en sortir, il doit marcher le pistolet à la main comme en pays ennemi, combattre contre des Arabes à chaque pas qu'il fait, ou se résigner à être rançonné et dépouillé par eux. Le pays est en proie à l'anarchie et au brigandage. Les Bédouins, ces hôtes sauvages et rapaces du désert, les léopards, les hyènes et la peste l'envahissent à la fois et semblent se concerter pour en faire un lieu de désolation, pour en détourner le voyageur et le pèlerin, et pour les y faire périr quand ils ont eu le courage d'en franchir les limites.

Dans les villes, il est défendu aux Chrétiens de monter un cheval, et pour parcourir avec quelque sécurité les campagnes, ils sont obligés de prendre un costume oriental et de s'affubler d'un turban.

Telles sont la liberté et la sécurité dont jouissent les religieux de Terre Sainte et les voyageurs qui vont visiter Jérusalem, soit dans un esprit de piété, soit pour satisfaire une noble curiosité.

On voit, par ce qui précède, que les engagements contractés par les Sultans envers les nations chrétiennes, et notamment envers la France, n'ont pas été remplis en ce qui concernait les religieux de Terre Sainte et les étrangers qui se rendent à Jérusalem, et que les autorités musulmanes de la Palestine, bien loin d'accorder à ces religieux et à ces étrangers, conformément aux traités, une protection efficace contre les insultes des Mahométans et contre les attaques des malfaiteurs, contribuent, au contraire, à les troubler dans leurs propriétés et dans leur pèlerinage, à les dépouiller et à les contrarier de toutes les manières. Un semblable état de choses ne peut plus être toléré par les puissances chrétiennes; aujourd'hui qu'elles sont appelées à résoudre la question orientale et à régler le sort de la Syrie, elles doivent saisir cette occasion pour faire reconnaître et faire respecter par les gouvernements musulmans les droits de la chrétienté sur Jérusalem et sur tout le territoire qui en dépend. Tous les États européens sont intéressés à la réintégration du monde chrétien dans la possession des saints lieux. Cette réintégration est dans l'intérêt des gouvernements ottoman et égyptien eux-mêmes, et ils doivent la désirer, bien loin de s'y opposer, puisqu'elle favoriserait puissamment leurs efforts pour activer le progrès de la civilisation occidentale dans leurs États, et lèverait un des plus grands obstacles qui ont empêché jusqu'ici le rapprochement si nécessaire et si désirable des nations chrétiennes et des nations musulmanes.

Les conséquences morales, politiques et commerciales de la fondation d'un petit Etat chrétien en Palestine, placé sous la protection commune des grandes puissances européennes, seront immenses pour l'Asie et pour l'Afrique. En effet, rattachée par des liens politiques et religieux à l'Europe, la Palestine, qui fut le point de départ de la civilisation chrétienne pour l'Occident, sera encore le point de départ de cette même civilisation pour l'Orient : c'est sur les ailes du christianisme que la liberté doit faire le tour du monde.

Rentrée dans la sphère et sous l'influence des gouvernements chrétiens, la Terre Sainte deviendra un grand foyer de lumières qui rayonnera sur le monde musulman, auquel elle offrira, dans son organisation politique et administrative, dans ses institutions et dans sa législation, un modèle de système social qu'il s'empressera d'autant plus d'imiter qu'il aura été plus à portée d'en apprécier les heureux effets.

Par leur position si heureuse entre la Méditerranée, la mer Rouge et le golfe Persique, les Syriens doivent redevenir le peuple intermédiaire du commerce entre l'Europe et l'Asie, et reprendre le rôle qu'ils jouèrent anciennement avec tant de gloire dans les transactions commerciales entre l'Occident et l'Orient.

La Palestine, qui possède tous les éléments, qui réunit toutes les conditions de la fertilité et de la fécondité, et qui néanmoins est devenue stérile et ingrate sous la domination musulmane, cessera d'offrir le triste aspect d'un désert, lorsqu'elle sera rendue à la culture sous un gouvernement éclairé et protecteur de toutes les industries, de tous les droits, de tous les intérêts : les plantes tropicales les plus précieuses et les plus délicieuses à l'homme, comme les végétaux des climats tempérés, utiles ou nécessaires à la vie, reparaîtront sur le sol de la *Terre Promise*, à l'ombre de lois et d'institutions fondées sur les principes de la justice et de la morale universelle.

Le principe de la restitution des saints lieux à la chrétienté une fois reconnu et admis par les puissances, celles-ci auront à organiser la Palestine en État indépendant, à déterminer la forme de gouvernement qu'il conviendra de lui appliquer, et à lui donner un chef qui sera placé sous leur tutelle. Mais ce sont là des points délicats que nous nous abstiendrons de discuter, et que nous abandonnons au génie de la diplomatie.

Telles sont les idées que nous a suggérées l'examen de la question orientale, envisagée du point de vue le plus élevé, du point de vue moral, et que nous n'hésitons point à soumettre à la sagesse éclairée des grandes puissances qui s'occupent d'arranger les affaires d'Orient. A la vue des constants et généreux efforts de plusieurs sociétés philanthropiques formées en France et en Angleterre contre l'esclavage et dans le but de faire triompher le principe de la liberté humaine sur toute la terre; à la vue des nobles démarches faites par le roi précédent de Prusse, à la sollicitation des habitants de Berlin, auprès des puissances susdites, dans un but analogue à celui de cet écrit, nous croyons qu'il n'y a pas de témérité à dire qu'en exprimant ces idées, nous nous sommes constitué l'interprète d'une des grandes pensées qui, à cette époque de réhabilitation, préoccupent en Europe tous les esprits éclairés et amis de l'humanité.

TABLE.

FIN DE LA TABLE.

www.ingramcontent.com/pod-product-compliance
Ingram Content Group UK Ltd.
Pitfield, Milton Keynes, MK11 3LW, UK
UKHW020327220726
13923UKWH00003B/1419